AF390265

LE DISCOURS
DE LYON

« PAGES NAPOLÉONIENNES »

Publiées sous la direction d'Édouard Driault
Grand Prix d'Histoire de l'Académie Française

COLLECTION ÉTABLIE
PAR LES SOINS DES
ÉDITIONS ALBERT
MORANCÉ, A PARIS
30-32, RUE DE FLEURUS
ANCIENNE MAISON MOREL
FONDÉE EN 1780

DE CET OUVRAGE IL A ÉTÉ TIRÉ 2000
EXEMPLAIRES, DONT 100 SUR HOLLANDE,
NUMÉROTÉS DE I A 100 ET 1900 SUR
VÉLIN, NUMÉROTÉS DE 101 A 2000

EXEMPLAIRE N°

LE
DISCOURS
DE LYON

PAR LE LIEUTENANT
NAPOLÉON BONAPARTE

ÉDITIONS ALBERT MORANCÉ

LE DISCOURS DE LYON

Le Discours de Lyon apporte un témoignage précieux sur la formation intellectuelle de Napoléon tout au début de sa carrière.

A Brienne, sous la direction des Minimes, il n'avait connu que les manuels et les livres classiques des bons pères; ils n'étaient pas subversifs. A l'Ecole Militaire, occupé de la préparation de ses examens, il avait surtout « potassé » son Bezout, c'est-à-dire son Cours de Mathématiques.

A la sortie de l'Ecole, en 1785, il avait été nommé lieutenant en second dans l'arme de l'artillerie et affecté au régiment de La Fère-Artillerie, en garnison à Valence.

Il avait 16 ans.

A Valence, il se jeta sur les rayons de la librairie Aurel avec une sorte de fureur. Il dévora tout en quelques mois. Il lut le bon Rollin; il le trouva intéressant, mais superficiellement documenté. Du moins il admira fort les institutions de Sparte et de Rome. Il goûta très particulièrement les ouvrages de Montesquieu, les Considérations sur les Causes de la Grandeur et de la Décadence des Romains, *et* l'Esprit des Lois, *qu'il emporta dans ses bagages à son premier voyage en Corse. Il avait aussi emporté un Corneille, et il déclamait les vers de la conjuration de Cinna avec une véhémence qui jetait l'effroi dans l'âme de ses petits frères.*

Les ouvrages de Jean-Jacques Rousseau le passionnèrent. C'était le moment de leur formidable influence, et ils étaient dans toutes les mains, dans toutes les bibliothèques: le Discours sur les Origines de l'Inégalité parmi les hommes, *le* Contrat social, *la* Nouvelle Héloïse. *Le jeune lieutenant fut un fervent disciple de Rousseau.*

Il aima presque autant les livres de l'abbé Raynal et notamment son Histoire philosophique des deux Indes, *qui venait d'être condamnée par le Parlement en 1781: livre défendu, donc à lire. Il entra en correspondance avec lui et lui soumit ses réflexions.*

En un mot, le lieutenant Bonaparte embrassa avec une ardeur juvénile les principes les plus audacieux de la philosophie du XVIIIe siècle. Il fut, comme on disait déjà, un officier « républicain ».

Du 7 au 10 août 1786, il fut envoyé avec quelques hommes à Lyon pour y maintenir l'ordre troublé par « l'émeute des deux sous ». Les canuts, c'est-à-dire les ouvriers en soie, réclamaient une augmentation de salaire de deux sous par aune. Ils étaient réputés pour leurs exigences insatiables; on les avait surnommés « les Voraces ». Il ne semble pas que Bonaparte y ait fait autre chose que son métier. Il ne vint que plus tard à l'étude et à la pratique des questions économiques; il devint un colbertiste, un protectionniste intransigeant; pour lors, il avait plutôt à cet égard des dispositions libérales.

De 1786 à 1791, de 17 à 22 ans, il passa la plus grande partie de son temps en Corse. Il y retrouva le culte du grand Paoli, l'admiration des institutions qu'il avait données à sa patrie et que Rousseau avait louées. On aimait alors à comparer Paoli à Lycurgue, la Corse au Magne. Bonaparte se mêla au mouvement révolutionnaire à Ajaccio, forma des clubs, des sociétés patriotiques, adressa à la Constituante des pétitions incendiaires. Mais il était trop jeune encore pour prendre le gouvernement de la Corse, où Paoli venait de rentrer en triomphe. Et il avait sa vie à gagner, et il n'avait pas trop de sa solde.

Il revint à Valence et reprit ses lectures et ses réflexions philosophiques.

C'est là que se place le Discours de Lyon.

*
* *

En 1780, l'abbé Raynal avait été associé aux travaux de l'Académie de Lyon; il y avait été reçu le 29 août en séance publique, en présence d'une affluence considérable.

Afin d'en témoigner sa satisfaction, il fonda un prix de 1.200 livres pour un concours sur ce sujet :

« La découverte de l'Amérique a-t-elle été utile ou nuisible au genre humain? S'il en résulte des biens, quels sont les moyens de les conserver et de les accroître? Si elle a produit des maux, quels sont les moyens d'y remédier? »

On était au moment de la guerre de l'indépendance américaine qui allait se terminer par le traité de Versailles en 1783.

Le concours, ouvert justement en 1783, fut renouvelé en 1785, en 1787, en 1789, aucun candidat ne s'étant présenté.

Informé de ce résultat, si l'on peut dire, Raynal proposa un nouveau sujet :

« Quelles vérités et quels sentiments importe-t-il le plus d'inculquer aux hommes pour leur bonheur? »

Le concours fut ouvert en 1791.

Il eut plus de succès: 15 mémoires furent présentés, dont celui du lieutenant Bonaparte, qui fut enregistré sous le n° 15.

La commission chargée de préparer le jugement de l'Académie fut composée de MM. de Campigneulles, Jacquet, Mathon de la Cour, Vasselier, et de M. de Savy, le premier Maire de Lyon.

Aucun ouvrage ne fut jugé digne du prix. Le n° 8, qui avait cette devise: « Non propriæ gloriæ sed utilitati communi », fut mentionné honorablement. Le concours fut renvoyé à deux ans.

Le mémoire n° 15 avait été estimé d'une grande médiocrité, sur les extraits qui en furent commentés par MM. Vasselier et de Campigneulles. M. Vasselier dit: « Le n° 15

est un songe très prononcé ». M. de Campigneulles fut plus explicite: « Le dernier de
ces mémoires, le n° 15, n'arrêtera pas longtemps les regards des commissaires: c'est
peut-être l'ouvrage d'un homme sensible;
mais il est trop mal ordonné, trop disparate,
trop décousu et trop mal écrit pour fixer
l'attention ».

Le concours fut encore renvoyé à 1795, et
le texte en fut légèrement modifié, sous
cette forme nouvelle: « Dans l'état actuel de
nos mœurs, quelles vérités et quels sentiments la philosophie et les lettres devraient-
elles inculquer et développer avec force
pour le plus grand bien de la génération
présente? »

Deux mémoires seulement furent présentés. Le compte rendu en fut fait à la séance
du 20 juillet 1795. Le n° 2 fut couronné et
eut le prix. Son auteur était P. C. F. Dau-
nou, demeurant à Paris, rue Saint-Honoré,
330, à l'hôtel de Virginie. Il s'agit de
l'illustre rapporteur de la Constitution de

l'an III et de la fondation de l'Institut de France.

.*.

Les cartons de l'Académie de Lyon n'ont pas bien conservé leur contenu, par suite des troubles du temps et de modifications apportées dans les collections.

Voici cependant une note: en avril 1818, M. Talard, Conservateur de la Bibliothèque, retourne à M. Mottet, Secrétaire de l'Académie, trois cartons de l'Académie renvoyés par M. Bureaux de Pusy, ancien Préfet du département, qui les avait un moment empruntés. Cette lettre se trouve jointe aux mémoires du concours de 1791 dans le portefeuille n° 250 du Catalogue des Manuscrits de l'Académie de Lyon, avec le billet de remerciement du Préfet.

Voici l'explication de cet incident :

Napoléon, à Sainte-Hélène, dit un jour, à propos de son Discours de Lyon (d'après O'Meara, Napoléon en exil) :

« *Quand je montai sur le trône, bien des années après, je parlai de cela par hasard à Talleyrand. Il envoya un courrier à Lyon pour chercher ce manuscrit; il parvint facilement à le retrouver. Un jour, comme nous étions seuls, il le tira de sa poche, et, croyant me faire la cour, me le remit entre les mains en me demandant si je le connaissais. Je reconnus aussitôt mon écriture et je le jetai au feu où il fut consumé, en dépit de Talleyrand qui ne put le sauver.* »

Sans doute l'Empereur n'était pas fier de son œuvre et du succès de ses premières ambitions littéraires.

Talleyrand en avait évidemment pris copie. D'autre part, au moment de remettre le manuscrit à Talleyrand, M. d'Hauterive, alors chef de division au ministère des relations extérieures, en avait lui-même conservé une copie, que Gourgaud publia avec quelques autres documents remarquables en 1826.

Selon une autre version, Gourgaud tenait le manuscrit d'un des frères de Napoléon.

Le Discours de Lyon *publié par Gourgaud en 1826 et reproduit en 1840 par le baron de Coston, est incomplet.*

Une copie complète a été détournée des Archives du Ministère des Affaires Etrangères par un indélicat personnage, Libri, qui faisait commerce de ces larcins.

Lord Ashburnham acheta toute la collection des Papiers Napoléoniens *connue sous le nom de fonds Libri et la donna à la Biblioteca Medicea-Laurenziana, à Florence, où elle est maintenant enregistrée sous le nom de Raccolta Ashburnhamiana.*

MM. Biagi et Frédéric Masson en ont publié une copie complète dans le second volume de Napoléon inconnu (pp. 292-332). La copie dont ils se sont servis est aujourd'hui au fonds Masson de la Bibliothèque Thiers. Nous la reprenons ici. Nous devons d'abord de très sincères remerciements à M. le Professeur Emilio Rostagno, Conser-

vateur de la Bibliothèque Laurentienne, qui a bien voulu nous fournir à cette occasion les plus précieuses indications et nous permettre de reproduire quelques morceaux caractéristiques du manuscrit.

Ce manuscrit n'est pas autographe: heureusement, car on ne pourrait pas le lire. Il est d'une écriture inconnue; il a été collationné et çà et là corrigé sans doute de la main de Napoléon, qui semble aussi en avoir écrit l'épigraphe où se marquait l'identité du mémoire n° 15.

De qui donc l'écriture? Bonaparte fut en garnison à Auxonne de janvier à juin 1791; il revint à Valence de juin à septembre. Il avait avec lui son frère Louis, alors âgé de douze ans et fort appliqué à l'étude du français. La copie peut aussi avoir été faite par Mlle Bou, la diligente vieille demoiselle qui logeait les deux jeunes gens et entretenait leur vestiaire, ou par quelqu'un de la librairie Aurel.

Nous ne nous permettrons ici aucun com-

mentaire sur le Discours de Lyon. Il appartient au lecteur de l'apprécier, et de confirmer ou d'infirmer le jugement de l'Académie. Pour être juste, il faudrait peut-être, comme elle, ignorer l'auteur, et maintenant ce n'est plus possible.

Mais aussi il apporte une lumière intéressante sur les idées et les sentiments du lieutenant Napoléon Bonaparte, d'autant plus intéressante que plus tard, même sur le trône, il n'a pas été aussi infidèle qu'on pourrait croire à l'éducation philosophique qu'il s'était donnée.

Edouard DRIAULT.

Épigraphe du *Discours de Lyon*, écrite de la main du Lieutenant Napoléon Bonaparte

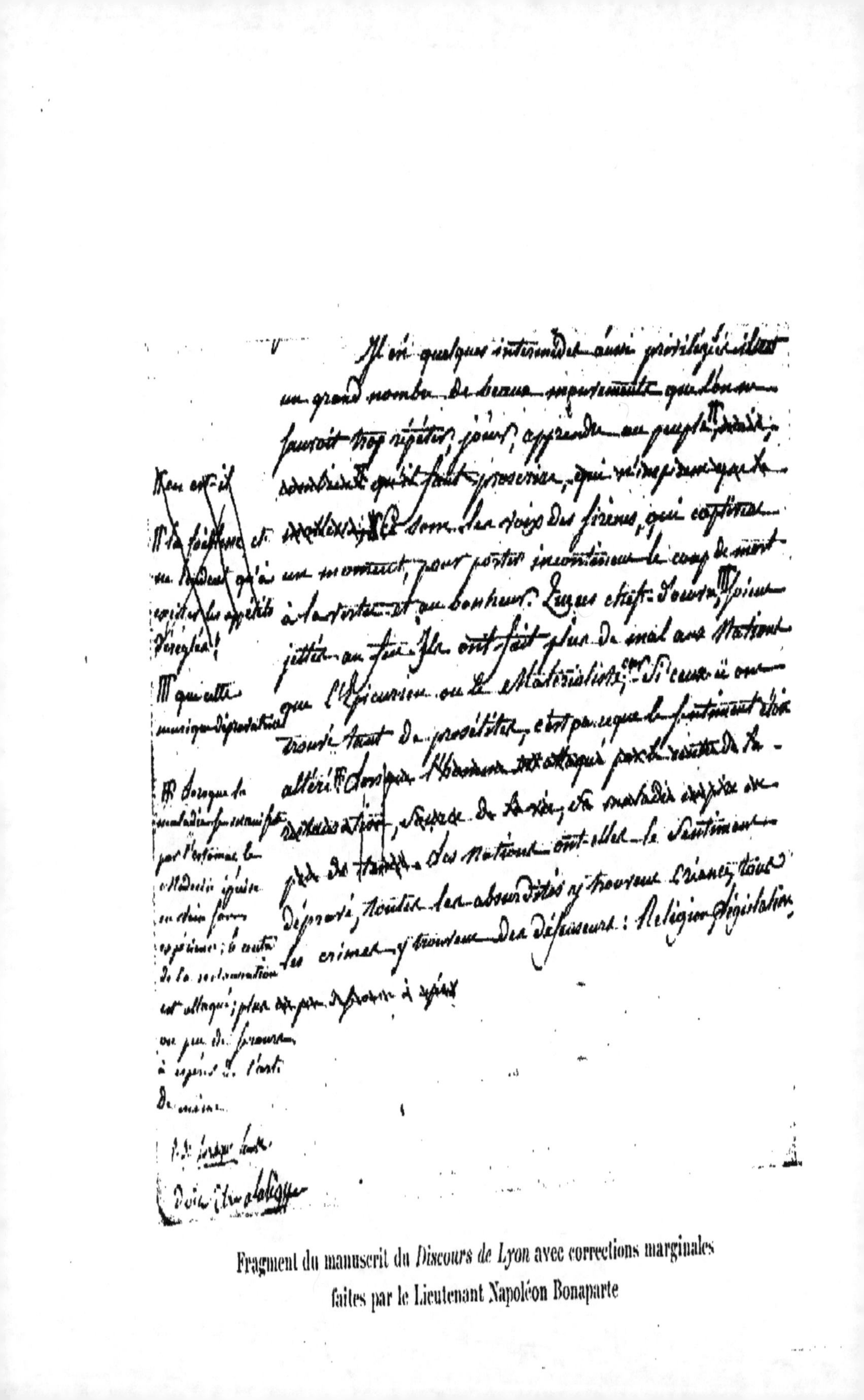

*Fragment du manuscrit du Discours de Lyon avec corrections marginales
faites par le Lieutenant Napoléon Bonaparte*

DISCOURS SUR LA QUESTION PROPOSÉE PAR L'ACADÉMIE DE LYON :

Quelles vérités et quels sentiments importe-t-il le plus d'inculquer aux hommes pour leur bonheur ?

> Il y aura des mœurs lorsque les gouvernements seront libres.
>
> RAYNAL.

MESSIEURS,

Les sociétés littéraires n'eussent jamais dû être animées que par l'amour de la vérité et des hommes. Mais il n'est point de vérités où règnent par devoir les préjugés. Il n'est point d'hommes où les rois sont souverains: il n'y a que l'esclave oppresseur, plus vil que l'esclave opprimé. Cela explique pourquoi les sociétés littéraires ont offert, dans tous les temps, lé spectacle affligeant de la flatterie et de la plus coupable adulation. Cela explique pourquoi les sciences vraiment utiles, celles de la morale et de la politique, ont langui dans l'oubli, ou se sont entortillées dans le labyrinthe de l'obscurité. Elles ont fait cependant dans ces derniers temps des progrès rapides; on le doit à quelques hommes hardis qui, impulsés par leur génie, n'ont craint ni le tonnerre des despotes ni les cachots de la Bastille. Ces rayons de lumière ont embrasé l'atmosphère, éclairé l'opinion qui, fière de ses droits, a détruit l'enchantement où étaient enlacées les nations depuis tant de siècles. Ainsi, Renaud fut rendu à la vertu, à lui-même, dès qu'une main courageuse et amie lui présenta le bouclier où à la fois étaient tracés ses devoirs et son apathie. A quoi peuvent être mieux comparés les ouvrages immortels de ces grands hommes qu'au divin bouclier du Tasse?

La liberté conquise après vingt mois d'énergie, de lutte et de chocs les plus violents fera à jamais la gloire des Français, de la philosophie et des lettres.

C'est dans ces circonstances que l'Académie propose de déterminer les vérités, les sentiments qu'il importe le plus d'inculquer aux hommes pour leur bonheur. Cette question, vraiment digne de la méditation de l'homme libre, fait l'éloge des sages qui l'ont proposée; aucune ne pourrait mieux répondre au but du fondateur...

Illustre Raynal, si dans le courant d'une vie agitée par les préjugés et les grands que tu as démasqués, tu fus toujours constant et inébranlable dans ton zèle pour l'humanité souffrante et opprimée, daigne aujourd'hui, du milieu des applaudissements d'un peuple immense qui, appelé par toi à la liberté, t'en fait le premier hommage, daigne sourire aux efforts d'un zélé disciple dont tu voulus quelquefois encourager les essais. La question dont je vais m'occuper est digne de ton burin, mais, sans ambitionner d'en posséder la trempe, je me suis dit avec Corrège : « *Moi aussi, je suis peintre* ».

Il est indispensable d'abord de fixer nos idées sur le bonheur.

L'homme est né pour être heureux : la nature, mère éclairée, l'a doué de tous les organes nécessaires au but de sa création. Le bonheur n'est donc que la jouissance de la vie la plus conforme à son organisation.

Hommes de tous les climats, de toutes les sectes, de toutes les religions, y en aurait-il d'entre vous à qui le préjugé de ses dogmes empêcherait de sentir l'évidence de ce principe? Eh bien! qu'ils mettent la main droite sur leur cœur, la gauche sur leurs yeux, qu'ils rentrent en eux-mêmes, qu'ils soient de bonne foi... et qu'ils ne disent pas comme moi s'ils le peuvent.

Vivre donc d'une manière conforme à notre organisation ou point de bonheur.

Notre organisation animale a des besoins indispensables: manger, dormir, engendrer... Une nourriture, une cabane, des vêtements, une femme sont donc d'une stricte nécessité pour le bonheur.

Notre organisation intellectuelle a des appétits non moins impérieux et dont la satisfaction est beaucoup plus précieuse. C'est dans leur entier développement que consiste vraiment le bonheur. Sentir et raisonner, voilà proprement le fait de l'homme, voilà ses titres à la suprématie qu'il a acquise, qu'il conserve, qu'il conservera toujours.

Le sentiment nous révolte contre la gêne, nous rend amis du beau, du juste, ennemis de l'oppresseur et du méchant. C'est dans le sentiment que gît la conscience, dès lors la moralité... Malheur à celui à qui ces vérités ne sont pas démontrées. Il ne connaît de la vie que les rebuts, il ne connaît de plaisirs que les jouissances des sens.

Raisonner, c'est comparer. La perfection

naît du raisonnement comme le fruit de l'arbre. La raison, juge mobile, censeur de nos actions, en doit être la règle invariable. Les yeux de la raison garantissent l'homme des précipices des passions, comme ses décrets modifient même le sentiment de ses droits. Le sentiment fait naître la société, la raison la maintient encore.

Il faut donc manger, dormir, engendrer, sentir, raisonner pour vivre en homme, dès lors pour être heureux.

De tous les législateurs que l'estime de leurs concitoyens appela à leur donner des lois, aucuns ne paraissent avoir été plus pénétrés de ces vérités que Lycurgue et M. Paoli. Ils sont parvenus cependant par des chemins bien différents à les mettre en œuvre dans leur législation.

Les Lacédémoniens avaient une nourriture abondante, des vêtements et des maisons commodes, des femmes robustes. Ils raisonnaient dans leurs sociétés, ils étaient libres dans leur gouvernement, ils jouissaient de leur force, de leur adresse, de la gloire, de l'estime de leurs compatriotes, de la prospérité de la patrie: c'étaient là les satisfactions de leur sentiment. Ils pouvaient s'attendrir avec leurs femmes, s'émouvoir aux perspectives variées du beau climat de la Grèce; cependant c'était principalement par le spectacle du fort et de la vertu qu'ils sentaient. Dans le courage, dans la force consiste la vertu. L'énergie est la vie de l'âme comme le principal ressort de la raison.

Les palpitations d'un Spartiate étaient celles de l'homme fort; et l'homme fort est bon; le faible seul est méchant. Le Spartiate vivait donc d'une manière conforme à son organisation. Il était heureux... Mais tout ceci n'est plus qu'un rêve. Sur les bords de l'Eurotas, vit aujourd'hui le bacha à trois queues et le voyageur, navré de ce spectacle déchirant, se retire avec effroi, doutant un moment de la bonté du Moteur de l'univers.

Mais, pour conduire les hommes au

bonheur, faut-il donc qu'ils soient égaux en moyens? Jusqu'à quel point doit-on leur prêcher, doit-on leur inspirer l'amour de l'égalité facultative?

Puisqu'il faut sentir pour vivre heureux, quels sont les sentiments que l'on doit leur inspirer?

Quelles sont les vérités que l'on doit leur développer? Raisonnez, dites-vous, ou point de félicité.

PREMIÈRE PARTIE

L'homme en naissant porte avec lui des droits sur la portion des fruits de la terre nécessaires à son existence.

Après l'étourderie de l'enfance, vient le réveil des passions: il choisit parmi les compagnes de ses jeux celle qui doit l'être de sa destinée. Son bras vigoureux, de concert avec ses besoins, demande du travail; il jette un regard autour de lui, il voit la terre, partagée en peu de mains, servir d'aliment au luxe et à la superfluité; il se demande quels sont donc les titres de ces gens-là? Pourquoi le fainéant a-t-il tout, l'homme qui travaille presque rien? Pourquoi enfin, à moi qui ai une femme, un père et une mère décrépits à nourrir, ne m'ont-ils rien laissé?

Il court chez le ministre dépositaire de sa

confiance, lui expose ses doutes: « Homme, lui répond le prêtre, ne réfléchis jamais sur l'existence de la société... Dieu conduit tout: abandonne-toi à sa providence... Cette vie n'est qu'un voyage... Les choses y sont faites par une justice dont nous ne devons pas chercher à approfondir les décrets... Crois, obéis, ne raisonne jamais et travaille: voilà tes devoirs. »

Une âme fière, un cœur sensible, une raison naturelle ne peut être satisfaite de cette réponse. Il porte ailleurs ses doutes et ses inquiétudes. Il arrive chez le plus savant du pays: c'est un notaire... « Homme savant, lui dit-il, on s'est partagé les biens de la contrée et l'on ne m'a rien donné. » L'homme savant rit de sa simplicité, le conduit dans son étude, et là, d'acte en acte, de contrat en contrat, de testament en testament, il lui prouve la légitimité des partages dont il se plaint... « Quoi! ce sont là les titres de ces messieurs, s'écrie-t-il indigné. Les miens sont plus sacrés, plus incon-

testables, plus universels. Ils se renouvellent
avec ma transpiration, circulent avec mon
sang, sont écrits sur mes nerfs, dans mon
cœur. C'est la nécessité de mon existence et
surtout de mon bonheur! » En achevant ces
paroles, il saisit ces paperasses qu'il jette
aux flammes.

Il ne tarde pas à craindre le bras du
Puissant que l'on appelle Justice: il se réfu-
gie dans sa cabane pour se jeter tout ému
sur le corps glacé de son père. Ce respectable vieillard, aveugle et perclus par l'âge,
ne paraît vivre encore que par un oubli de
la mort... « Mon père, vous m'avez donné la
vie, avec elle un vif instinct du bonheur, eh
bien! mon père, des ravisseurs se sont tout
partagé, je n'ai que mes bras parce qu'ils
n'ont pas pu me les ôter. O mon père, je suis
donc condamné au travail le plus continuel,
à l'asservissement le plus avilissant! Au
soleil d'août comme au frimas de janvier, il
n'y aura donc jamais de repos pour votre
fils. Pour prix d'un si grand travail, d'autres

cueilleront donc des moissons acquises à la sueur de mon front!... Ah! encore, si je pouvais suffire à tout. Il faut que je nourrisse, loge, habille et chauffe une famille entière; le pain nous manquera; mon cœur se brisera à chaque instant, ma sensibilité s'émoussera, ma raison s'offusquera, ô mon père! je vivrai hébété, misérable, peut-être même méchant: je vivrai malheureux! Suis-je donc né pour cela? »

« Mon fils, lui répond le vénérable vieillard, le sacré caractère de la nature est tracé dans ton sein avec toute son énergie; conserve-le toujours pour vivre heureux et fort, mais écoute attentivement ce que quatre-vingts ans d'expérience m'ont enseigné. Mon fils, je t'ai élevé dans mes bras, j'ai protégé tes jeunes ans, et, aujourd'hui que ton cœur commence à palpiter, tes fibres sont accoutumées au travail sans doute, mais au travail modéré qui rafraîchit le corps, excite le sentiment, calme l'imagination fougueuse. Mon fils, t'a-t-il rien manqué? Ton habillement est grossier, ta demeure est rustique, ta nourriture simple, mais, encore une fois, as-tu rien désiré ? Tes sentiments sont purs comme tes sensations, comme toi-même. Il te manquait une femme: mon fils, tu l'as choisie; je t'ai aidé de mon expérience à décider ton jeune cœur... O mon tendre ami, pourquoi te plains-tu? Tu crains l'avenir... Fais toujours comme tu as fait et tu ne le redouteras jamais.

« Mon fils, si j'avais été au nombre des hommes misérables qui ne possèdent rien, j'eusse façonné ton corps au joug de l'animal; j'eusse moi-même étouffé tes sentiments et tes idées; j'eusse fait de toi le premier des animaux de ta grange. Plié par le joug de l'habitude, tu eusses vécu tranquille de ton apathie, content de ton ignorance; tu n'eusses pas été heureux; oh non! tu ne l'eusses pas été, mais tu fusses mort sans savoir si tu avais vécu; car, mon fils, comme tu l'as observé, pour vivre, il faut

sentir et raisonner, dès lors, ne pas être
accablé par le besoin physique: oui, bon
jeune homme, que cette nouvelle te rafraî-
chisse, te console, calme tes inquiétudes; ces
champs, cette cabane, ces animaux sont à
nous. J'ai voulu te le laisser ignorer: il est
si heureux et si doux de monter, si dur de
descendre.

« Ton père bientôt ne sera plus, il a
assez vécu, il a connu les vrais plaisirs, il
connaît le plus grand de tous puisqu'il te
presse encore contre son sein. Une seule
chose, mon fils, si tu veux l'imiter! Ton
âme est ardente, mais ton travail, mais ta
femme, ce doux présent de l'amour, mais
tes enfants, que d'objets pour remplir le
vide de ton cœur! Garde-toi seulement de la
cupidité des richesses. Les richesses n'in-
fluent sur le bonheur, mon fils, qu'autant
qu'elles procurent ou refusent le nécessaire
physique. Tu l'as ce nécessaire, avec lui
l'habitude du travail; tu es le plus riche du
pays, sache donc brider ton imagination.

D'une âme ardente à une imagination déréglée, il n'y a, mon fils, que la raison au milieu.

« Les riches sont-ils heureux ? Mon fils, ils peuvent l'être, mais pas plus que toi. Ils peuvent l'être, entends-tu; car rarement ils le sont. Le bonheur est spécialement dans ta position, dans ton état, parce que c'est celui de la raison et du sentiment. L'état du riche est l'empire de l'imagination déréglée, de la vanité, des jouissances des sens, des caprices, des fantaisies... Ne l'envie jamais, et, si l'on t'offrait toutes les richesses de la contrée, mon unique ami, rejette-les loin de toi, à moins que ce ne soit pour les partager incontinent à tes concitoyens. Mais, mon fils, cet acte de force, de magnanimité n'appartient qu'à un dieu... Sois homme, mais sois-le vraiment. Vis maître de toi : sans force, mon fils, il n'est ni vertu, ni bonheur. »

Voilà les deux bouts de la chaîne sociale connue. Oui, messieurs, qu'au premier soit l'homme riche, j'y consens; mais qu'au dernier ne soit pas le misérable; que ce soit ou le petit propriétaire, ou le petit marchand, ou l'habile artisan qui puisse, avec un travail modéré, nourrir, habiller, loger sa famille.

Vous recommanderez donc au législateur de ne pas consacrer la loi civile ou peu pourraient tout posséder; mais il faut qu'il résolve son problème politique, de manière que le moindre ait quelque chose. Il n'établit pas pour cela l'égalité, car les deux extrêmes sont si éloignés, la latitude est si forte que l'inégalité peut exister dans l'intermédiaire... Dans la hutte comme dans le palais, couvert de peaux comme des broderies de Lyon, à la table frugale de Cincinnatus comme à celle de Vitellius, l'homme peut être heureux ; mais encore, cette hutte, ces peaux, cette table frugale, encore faut-il qu'il les ait. Comment le législateur peut-il y influer ? Comment doit-il résoudre son problème politique pour que le moindre ait quelque chose ? Les difficultés sont grandes ! Je ne sache personne qui s'en soit mieux tiré que M. Paoli.

M. Paoli, dont la sollicitude pour l'humanité et ses compatriotes fit le caractère distinctif, qui fit un moment renaître au milieu de la Méditerranée les beaux jours de Sparte et d'Athènes, M. Paoli, plein de ces sentiments, de ce génie que la nature ne réunit dans un même homme que pour la consolation des peuples, parut en Corse pour fixer les regards de l'Europe. Ses concitoyens, ballottés par les guerres civiles et étrangères, reconnurent son ascendant et le proclamèrent à peu près comme jadis Solon le fut à Athènes, ou les décemvirs à Rome. Les affaires étaient dans un tel désordre qu'un magistrat revêtu d'une grande autorité et d'un génie transcendant, pouvait seul sauver la patrie. Heureuse la nation où la chaîne sociale n'est pas assez rivée pour craindre les conséquences d'une démarche aussi téméraire ! Heureuse lorsqu'elle a des hommes qui justifient une confiance aussi illimitée en s'en rendant dignes !

Arrivé au timon des affaires, appelé par ses compatriotes à leur donner des lois, M. Paoli établit une constitution, non seulement fondée sur les mêmes principes que l'actuelle, mais encore sur les mêmes divisions administratives. Il y eut des municipalités, des districts, des procureurs syndics, des procureurs de la commune. Il renversa le clergé, appropria à la nation le bien des évêques; enfin, l'histoire de la marche de son gouvernement est presque celle de la révolution actuelle. Il trouva dans son activité sans pareille, dans son éloquence persuasive et chaleureuse, dans son génie pénétrant et fertile, de quoi garantir sa constitution naissante des efforts des méchants et des ennemis, car l'on était alors en guerre avec Gênes.

Mais à nos yeux, le principal mérite de M. Paoli est d'avoir paru pénétré du principe qu'en consacrant la loi civile, le législateur devait conserver à chaque homme une portion de propriété telle qu'avec un médiocre travail elle pût suffire à son entretien. Pour cela, il distingua les territoires de chaque village en deux espèces : ceux de la première furent les plaines bonnes aux semailles et aux pâturages. Ceux de la seconde furent les montagnes propres à la culture de l'olivier, de la vigne, du châtaignier, de l'arbre de toute espèce. Les terres de la première espèce, appelées *Piage*, devinrent la propriété publique et l'usufruit particulier. Tous les trois ans, la *Piage* de chaque village se partageait entre les habitants. Les terres de la seconde espèce, susceptibles d'une culture particulière, restèrent sous l'inspection de la cupidité individuelle. Par cette sage disposition, tout citoyen naissait propriétaire, sans détruire l'industrie, sans nuire aux progrès de l'agriculture, enfin sans avoir d'ilotes.

Mais tous les législateurs ne se sont pas trouvés dans les mêmes circonstances. Tous n'ont pas pu maîtriser les choses et les conduire à une si heureuse fin; cependant, pressés par le principe, ils lui ont rendu hommage en excluant de la société ceux qui ne possédaient rien ou ne payaient pas telle imposition. Pourquoi cette seconde injustice ?... C'est que l'homme que les lois n'ont pas mis à même d'être heureux, c'est que l'homme qui n'a point d'intérêt au maintien de la loi civile en est l'ennemi. Il eût fallu lui assurer une portion de propriété, afin de l'y intéresser, de le regrader; et, au défaut de cela, il a fallu l'exclure comme un être avili, hébété et pour cela incapable d'exercer une portion de la souveraineté... Voilà la raison politique sans doute... Mais aux yeux de la morale ! mais aux yeux de l'humanité !... Quand je verrai un de ces infortunés transgresser la loi de l'Etat, être supplicié, je me dirai : C'est le fort qui victime le faible... Il me semblera voir l'Américain périr pour avoir violé la loi de l'Espagnol.

Après avoir persuadé au législateur qu'il doit s'occuper également du sort de tous les citoyens dans la rédaction de sa loi civile, vous direz au riche : « Tes richesses sont ton malheur. Rentre dans la latitude de tes sens : tu ne seras plus ni inquiet ni fantasque. Combien de jeunes ménages qui deviennent méchants parce qu'il leur manque ce qui produit dans toi cette inquiétude ! Tu as trop et eux pas assez. Votre sort est égal avec la différence que toi, plus sage, pourrais y remédier, au lieu qu'eux ne peuvent que gémir... Homme froid, ton cœur ne palpita donc jamais ! je te plains et t'abhorre. Tu es malheureux et tu fais le malheur des autres. »

Sans femme, avons-nous dit, il n'est ni santé ni bonheur. Vous enseignerez donc à la classe nombreuse des célibataires que leurs plaisirs ne sont pas les vrais, à moins que, convaincus qu'ils ne peuvent vivre sans femme, ils ne fondent sur celles des autres la satisfaction de leur appétit. Vous les dénoncerez dès lors à la société entière.

Vous décèlerez l'extravagante présomption du ministre de Brahma : vous lui apprendrez que l'homme heureux est seul digne du créateur et que le fakir qui se mutile est un monstre de dépravation et de folie.

Vous rirez avec le dédain de l'indignation lorsque l'on prétendra vous persuader que la perfection consiste dans le célibat. Vous avez ouvert le grand livre de la raison et du sentiment; ainsi vous dédaignerez de répondre aux sophismes des préjugés et de l'hypocrisie.

Que la loi civile assure à chacun son nécessaire physique, que la soif inextinguible des richesses soit remplacée par le sentiment consolant du bonheur; qu'à votre voix, le vieillard soit le père de tous ses enfants, qu'il partage également ses biens et que le spectacle harmonique de huit ménages heureux fasse à jamais abhorrer la loi barbare de la primogéniture; que l'homme apprenne enfin que sa vraie gloire est de vivre en homme; qu'à votre voix les ennemis de la nature se taisent et avalent de rage leur langue de serpent; que le ministre de la plus sublime des religions, qui doit porter des paroles de paix et de consolation dans l'âme navrée de l'infortuné, connaisse les douces émotions de l'épanchement; que le nectar de la volupté le rende sincèrement pénétré de la grandeur de l'auteur de la vie, alors, vraiment digne de la confiance publique, il sera l'homme de la nature et l'interprète de ses décrets. Qu'il choisisse une compagne : ce jour sera le vrai triomphe de la morale et les vrais amis de la vertu le célébreront de cœur; le ministre sensible bénira l'âge de la raison en goûtant les prémices de ses bienfaits.

Voilà, messieurs, sous le rapport animal, les vérités, les sentiments qu'il faut inculquer aux hommes pour leur bonheur.

SECONDE PARTIE

Qu'est-ce que le sentiment... ? C'est le lien de la vie, de la société, de l'amour, de l'amitié. C'est lui qui unit le fils à la mère, le citoyen à la patrie. C'est surtout dans l'homme de la nature qu'il est puissant. La dissipation, les plaisirs des sens en émoussent la délicatesse, mais, dans l'infortune, l'homme le retrouve toujours : cet agent consolateur ne nous abandonne entièrement qu'avec la vie.

N'êtes-vous pas encore satisfait?... Grimpez sur un des pitons du Mont Blanc; voyez le soleil, s'élevant par gradation, porter la consolation et l'espoir sous le chaume du laboureur. Que le premier rayon qu'il lance soit surtout recueilli dans votre cœur. Souvenez-vous bien des sensations que vous goûterez.

Descendez aux bords de la mer : voyez

l'astre du jour sur son déclin se précipiter avec majesté dans le sein de l'infini : la mélancolie vous maîtrisera : vous vous y abandonnerez. L'on ne résiste pas à la mélancolie de la nature.

Etes-vous sous le monument de Saint-Rémy? Vous en avez contemplé la majesté? Le doigt de ces fiers Romains tracé depuis deux mille ans, en transportant votre imagination dans les âges passés, vous fait exister avec Emile, Scipion, Fabius. Vous revenez à vous pour voir des montagnes, dans l'éloignement d'un nuage noir, couronner la plaine immense de Tarascon où cent mille Cimbres restèrent ensevelis. Le Rhône coule à l'extrémité, plus rapide que le trait; un chemin est sur la gauche : la petite ville à quelque distance, un troupeau dans la prairie: vous rêvez sans doute. C'est le rêve du sentiment.

Egarez-vous dans la campagne, réfugiez-vous dans la chétive cabane du berger; passez-y la nuit, couché sur des peaux, le feu à vos pieds. Quelle situation ! Minuit sonne, tous les bestiaux des environs sortent pour paître, leur bêlement se marie à la voix des conducteurs; il est minuit, ne l'oubliez pas. Quel moment pour rentrer en vous-même et pour méditer sur l'origine de la nature en goûtant les délices les plus exquises !

Au retour d'une longue promenade, êtes-vous surpris par la nuit ? Arrivez-vous, au clair des rayons argentés, dans le parfait silence de l'univers ? Vous avez été accablé de la chaleur de la canicule; vous goûtez les délices de la fraicheur et le baume salutaire de la rêverie.

Votre famille est-elle couchée, vos lumières éteintes, mais non pas votre feu, car les frimas de janvier s'opposent à la végétation de votre jardin... Que faites-vous là pendant plusieurs heures? Je ne suppose pas que vous soyez égaré par la rage de l'ambition ou des richesses ! Qu'est-ce que vous faites? Vous jouissez de vous-même.

Vous savez que la métropole de Saint-Pierre de Rome est grande comme une ville. Une lampe est devant le principal autel. Vous y entrez à dix heures du soir; vous marchez en tâtonnant; cette faible lumière ne vous permet de voir qu'elle. Vous croyez ne faire que d'y entrer; il est déjà l'heure de l'aurore. Elle entre par les fenêtres. La pâleur du matin succède aux ténèbres de la nuit; vous vous en apercevez enfin pour vous retirer, mais vous y êtes resté six heures ! Si j'eusse pu écrire vos pensées, qu'elles intéresseraient le moraliste !

La curiosité, mère de la vie, vous fait-elle embarquer pour la Grèce ? Etes-vous jeté par les courants à l'île de Monte-Cristo ? Deux heures vous restent à la nuit. Vous cherchez un refuge : vous avez bientôt parcouru ce petit rocher : vous trouvez au milieu, sur une hauteur, les débris d'un vieux monastère; derrière un pan de mur couvert par le lierre et le romarin, vous faites dresser votre tente. Le mugissement rauque des vagues qui se brisent sur les rochers, car le vaste gouffre des mers vous environne, vous représente l'idée de cet élément terrible pour le faible passager. Une légère toile et un mur de plus de quinze siècles vous abritent. Vous êtes agité par l'agitation du sentiment.

Etes-vous, à sept heures du matin, dans vos bosquets fleuris ou dans une vaste forêt, dans la saison des fruits ? Sommeillez-vous dans une grotte environnée des eaux des Dryades, dans le fort de la canicule ? Vous serez seul pour passer des heures entières sans pouvoir vous en arracher, ni soutenir les discours du fâcheux qui viendra vous importuner.

Il n'est point d'homme qui n'ait éprouvé la douceur, la mélancolie, le tressaillement qu'inspirent la plupart de ces situations. Que je plaindrais celui qui ne me comprendrait pas et qui n'aurait jamais été ému par l'électricité de la nature ! Le sentiment ne nous ferait-il éprouver que ces délicieuses émotions, il aurait déjà fait beaucoup pour nous; il nous aurait offert une succession de jouissances sans regrets, sans fatigue, sans aucune espèce d'ébranlement violent. Ç'aurait été son plus précieux don si l'amour de la patrie, si l'amour conjugal, si la divine amitié n'étaient aussi de ses libéralités.

Vous rentrerez dans votre pays après quatre ans d'absence : vous parcourrez les sites, théâtres des jeux de votre premier âge et témoins de l'agitation que la première connaissance des hommes et l'aurore des passions produisent dans nos sens. Vous vivrez dans un moment de la vie de votre enfance, vous jouirez de ses plaisirs... Vous sentez tous les feux de l'amour de la patrie... Vous avez, dites-vous, un père et une tendre mère, des sœurs encore innocentes, des frères à la fois vos amis; homme trop heureux, cours, vole, ne perds pas un moment. Si la mort t'arrêtait en chemin, tu n'aurais pas connu les délices de la vie, celles de la douce reconnaissance, du tendre respect, de la sincère amitié... Mais, me dites-vous, j'ai une femme et des enfants... Une femme et des enfants!... C'en est trop, mon ami, c'en est trop, ne t'en éloigne plus: le plaisir pourrait te suffoquer au retour, ou la douleur t'accabler au départ... Une femme et des enfants ! Un père et une mère, des frères et des sœurs, un ami ! et l'on se plaint de la nature et l'on se demande pourquoi sommes-nous nés ! et l'on souffre avec impatience les maux passagers, et l'on court avec fureur après les (outres) vides de la vanité, des richesses ! Quelle est donc, ô infortunés humains, la boisson dépravatrice qui a ainsi altéré les penchants écrits dans votre sang, sur vos nerfs, dans vos yeux... Eussiez-vous l'âme aussi ardente que le foyer de l'Etna, si vous avez un père, une femme, des enfants, vous ne pouvez redouter les anxiétés de l'ennui.

Oui, voilà les vrais, les seuls plaisirs de la vie et dont rien ne peut ni nous distraire, ni nous indemniser. L'homme a beau s'environner de tous les biens de la fortune; dès que ses sentiments s'enfuient de son cœur, l'ennui s'en empare, la tristesse, la noire mélancolie, le désespoir se succèdent, et, si cet état dure encore, il se donne la mort.

Pontaveri est arraché à Taïti; conduit en Europe, il est accablé de soins : l'on n'oublie rien pour le distraire : un seul objet le frappe, lui arrache les larmes de la douleur, c'est le mûrier à papier; il l'embrasse avec transport en s'écriant : Arbre de mon pays ! Arbre de mon pays !... L'on prodigue en vain aux cinq Groënlandais tout ce que la Cour de Copenhague peut offrir, l'anxiété de la patrie, de la famille, les conduit à la mélancolie et de là à la mort... Au lieu de cela, combien d'Anglais, de Hollandais, de Français qui ont vécu avec les sauvages ! C'est que ces infortunés étaient avilis en Europe, vivaient jouets des passions et triste rebut des grands : tandis que l'homme de la nature vit heureux dans le sein du sentiment et de la raison naturelle.

Nous venons de voir comment, par le sentiment, nous jouissons de nous, de la nature, de la patrie, des hommes qui nous environnent. Il nous reste à observer comment il nous fait tressaillir à l'aspect des différentes vicissitudes de la vie. C'est ici que nous nous convaincrons que, s'il nous rend amis du beau, du juste, il nous révolte contre l'oppresseur et le méchant.

Une jeune beauté est entrée dans sa seizième année: les roses ont sur son teint fait place aux lys; ses yeux de feu se sont presque éteints. La vivacité des grâces n'est plus que la langueur de la mélancolie... Elle aime... T'inspire-t-elle le respect, la confiance ? C'est le respect et la confiance du sentiment. T'inspire-t-elle le mépris de sa faiblesse ? A la bonne heure ! Mais ne me le dis jamais si tu prises mon estime.

Nina aima : son bien-aimé mourut. Elle

eût dû mourir aussi; elle lui survécut toutefois, mais pour lui rester fidèle. Nina a bien su que son bien-aimé était mort; mais le sentiment ne peut pas concevoir son anéantissement : elle l'a attendu toujours, elle l'attendrait encore... Tu plains dédaigneusement sa folie, homme dur !... Sens-tu, au lieu de cela, l'estime de sa constance et l'attendrissement de son erreur ? C'est l'estime et l'attendrissement du sentiment.

Une femme adorée est morte; c'est celle de ton ennemi. L'infortuné en est accablé : il a fui la société des hommes: le drap noir a remplacé la tapisserie de la gaîté : deux flambeaux sont sur sa table, le désespoir dans son cœur. Il passera ainsi le reste languissant de sa vie... Ame bonne, tu sens ta haine se calmer, tu cours à son tombeau pour lui prodiguer les marques de ta réconciliation : c'est la réconciliation du sentiment.

Un infortuné gémit dans les cachots, vous connaissez son innocence et l'oppresseur qui l'y retient. Celui-ci vient à passer. Vos yeux s'enflamment, votre cœur se gonfle, un frémissement général se communique à vos nerfs... C'est l'indignation du sentiment.

Vous avez lu Tacite, quel est celui de vous qui ne s'est écrié avec le jeune Caton : Que l'on me donne une épée pour tuer ce monstre. Depuis deux mille ans, le récit des actions de Sylla, Marius, Néron, Caligula, Domitien, etc., vous révolte, leur souvenir est celui de la haine et de l'exécration.

Le spectacle odieux du crime prospérant ou de l'innocence dans les fers vous brise le cœur; le découragement circule dans vos veines pour y allumer bientôt le désir de la vengeance. Viennent-ils à paraître ces rédempteurs des nations, vous vous prosternez devant eux, vous leur offrez de l'encens : c'est le culte du sentiment.

Si Socrate vous attire du respect et des larmes, c'est pous vous enrôler incontinent sous les drapeaux de Thrasybule ; votre bras désespéré ne connaît plus de dangers

et vous ne vous donnez point de paix
que les trente Tyrans ne soient expulsés
d'Athènes.

César succombant sous vingt-deux coups
de poignard vous fait ressouvenir du monde
ravagé, des lois violées, de la République
renversée; vous êtes à côté de Brutus, vous
le suivez au Capitole, dans toutes ses vicissitudes, vous lui faites plastron de votre
corps. Lorsque, enfin, il périt à Philippes,
vous vous écriez dans un moment d'acca-
blement : « *Vertu ! ne serais-tu qu'une chi-
mère !* » Lorsque le stoïque Caton s'en-
tr'ouvre les entrailles pour ne pas survivre
à la République, à la perte de Rome et de
la Liberté, je me sens enorgueilli de mon
espèce : ce spectacle de la force m'enlève,
je tombe prosterné aux pieds de sa statue.
Cette admiration, c'est l'orgueil, c'est la
fierté du sentiment.

Les esclaves corses que l'on vendit à
Rome après la victoire de C. Cicéreus
étaient impassibles ; ils se roidissaient

contre les mauvais traitements, ils se jetaient contre un mur pour s'y laisser périr de faim. On ne pouvait rien obtenir par la force. C'est là le vrai caractère de l'homme; n'a-t-il pas une raison et un sentiment? Veut-on employer la violence? Les tyrans le maltraitent-ils ? Eh bien ! qu'il périsse plutôt que de rendre aucun service à son bourreau.

Que de choses j'aurais à dire, que de tableaux, que de modulations différentes à esquisser ! Mais il faut nous arrêter, il est des vérités que l'on ne doit laisser qu'entrevoir; il n'est point de lecteur qui n'y supplée. Qui a un cœur, du sang dans les veines et n'est pas pulvérisé par le dérèglement des mœurs conçoit bien mieux que l'on ne pourrait peindre.

Puisque, pour être heureux, il faut sentir, puisque le sentiment est ce tressaillement qui nous affecte si délicieusement aux perspectives variées de la nature, puisque le sentiment nous attache au pays, nous inspire l'amour, l'amitié, la reconnaissance ; puisque c'est le lien qui unit l'homme à l'intelligence supérieure, l'homme à la société, l'homme à l'homme ; c'est donc principalement par et pour le sentiment que nous vivons. C'est donc lui surtout que l'on doit chercher à développer, à faire croître selon l'impulsion de la bonne nature. Vous écarterez les ronces de toute espèce qui l'étouffent ou le détériorent et font de l'homme un être factice, secondaire, instrument d'un autre et dès lors de son malheur.

Mais quels sentiments doit-on lui inspirer ?

Ceux de la Nature.

Une femme est nécessaire au jeu de son organisation animale ; mais elle l'est bien plus à la satisfaction de son sentiment. C'est la compagne de la nature, faite exprès, modifiée exprès ; qu'il la reçoive donc pour elle-même et, l'identifiant à son être, qu'il en devienne inséparable. Que son cœur s'épanche dans cet autre lui-même.

Plus forts contre les appétits déréglés, l'un et l'autre seront plus sensibles aux charmes de la vie. La douceur de l'union corrigera les sévérités de la rêverie, rendra la mélancolie plus tendre, les jouissances plus variées, le vaste champ du sentiment plus abondant et plus fertile encore.

Mais surtout, que l'homme apprenne à apprécier les illusoires plaisirs des sens : ils détraquent sa machine, sans doute; mais le principal châtiment de celui qui s'y livre, c'est de perdre cette pureté de tact, cette sensualité morale, cette délicatesse d'une bonne conscience.

Une imagination déréglée, voilà la cause, la source des malheurs de l'espèce humaine. Elle nous fait errer de mers en mers, de fantaisies en fantaisies, et si elle se calme enfin, si son prestige nous abandonne, il n'est plus temps; l'heure sonne et l'homme meurt détestant la vie. Le libertin meurt comme le méchant, je n'y mets que peu de différence. L'homme malheureux et fantasque ne peut être bon : savez-vous où conduit la révolte contre les décrets de la Nature ? Au dérèglement le plus affreux, à la dissipation la moins réfléchie, quelquefois à l'hypocrisie la plus odieuse. L'inquiétude, le dégoût, la maladie, la mort désolante de la solitude sont le partage du célibataire. Criez donc bien fort au législateur que ces gens-ci ne peuvent concourir au maintien de l'ordre puisqu'ils en violent les premières lois.

Vous avez commencé à parler au législateur : que de choses à lui dire ! Le spectacle de notre voisin opprimé par le puissant nous afflige, nous révolte. Qu'il n'y ait donc de puissant que la loi. La sûreté de tous, le bonheur individuel dépend de la disposition du code criminel : que la loi sacrée des jurys soit adoptée. Si la félicité et la liberté même venaient sur la terre, elles n'en dicteraient point d'autre.

Nous naissons inégaux en moyens, sans doute, mais égaux en droits. Si vous adoptiez tout autre principe, vous verriez la plante humaine se détériorer, languir dans l'angoisse et n'avoir de la nature que le visage.

L'orgueil est un vice, mais l'humiliation monacale est destructive de toute vertu, de toute énergie, de tout gouvernement. Bien loin de là, que le législateur dise à l'homme à chaque ligne, qu'il vit pour lui et non pour un autre ; que toutes ses actions comme celles du Gouvernement doivent avoir pour but son bonheur dans ce monde; qu'il lui dise : que dans ses yeux est écrite l'indépendance, sur sa physionomie, la liberté; que la société est faite pour lui, et qu'il ne lui doit ses sacrifices qu'à cette condition, et que s'il en existait où il ne fût pas aux yeux de la loi l'égal d'un autre, il devrait en brûler le code, en chasser les magistrats avec l'indignation de l'intérêt individuel blessé, avec l'indignation de sa dignité méconnue.

Il faut parler au sentiment sa langue.

Présentez-lui donc quelquefois Bewerley; qu'il aille y puiser l'horreur des plaisirs que nous lui proscrivons. Beaucoup d'autres pièces de ce genre pourraient lui être utiles, s'il n'y avait trop d'amour. La nature l'inspire assez, sans que vous souffliez encore sur ce brasier ardent. Le spectacle réitéré de l'amour ne peut être bon qu'à l'homme déréglé. Son être est si affreux ! Il n'a rien à perdre.

Empêcher le sentiment de se pervertir, voilà votre grand travail. Que la tendresse ne le conduise pas à la mollesse. Sans force, sans énergie, il n'est ni vertu, ni bonheur. Oui, qu'il partage les perplexités maternelles de Mérope et d'Andromaque; qu'il accorde même des larmes à Phèdre et à Zaïre; qu'en réfléchissant sur les catastrophes des passions désordonnées, il apprenne à s'en garantir, mais que Philoctète, mais que Caton, mais que Lucrèce, mais que Brutus sacrifiant ses enfants, élèvent son âme, attendrissent son cœur et fassent circuler dans son sang le baume restaurateur de l'énergie, du courage, de l'héroïsme. Qu'il soit clément avec Auguste : que cette belle scène se [passe] dans lui, après avoir fait couler les larmes de la satisfaction et du bien-être. Les larmes du sentiment sont les voluptés de l'âme; mais surtout ne lui représentez jamais le spectacle bizarre d'Alzire.

Quel est donc cet homme étonnant qui a l'Amérique à venger ? Environné de ses braves, il jure d'enfoncer le poignard de la fureur dans le sein des assassins d'Ataliba. Il n'est pas pour moi un simple mortel, il est le dieu de la justice, de la force, le génie tutélaire de cette belle et vaste contrée. Ma transpiration se ralentit, mon âme est en suspens, mon cœur vole vers lui; il n'a pas une perplexité que je ne partage. Lorsque je le vois prêt à frapper, je me prosterne devant le Créateur, Conservateur, Régulateur de la vie; je lui dis : « Ton peuple est le faible opprimé: daigne le secourir. Jadis, ton ange extermina cent quatre-vingt mille oppresseurs; aujourd'hui, serais-tu moins juste ? Sennachérib était-il plus coupable ou les Israélites plus persécutés ? Dieu des bons, fléau des méchants, âme du monde ! Si les miracles sont indignes de ta puissance, celui-ci ne le serait pas de ta bonté... » Ce moment de recueillement m'enlève un moment du spectacle. J'y reviens pour y voir, oui, pour y voir Zamore, aux pieds d'une femme, oublier la patrie, la vengeance, ses concitoyens; je me frappe la tête avec mes mains et je sors hurlant contre l'auteur et le parterre.

Plus de sang-froid, j'ouvre le livre, j'achève la pièce, mais pour y voir Guzman, le sanguinaire Guzman, mourir comme serait mort Socrate et l'indigne Zamore recevoir comme grâce Alzire et la vie.

Français! Cela a pu être votre spectacle; ce ne le sera plus désormais; j'en ai pour garants vingt mois de force et d'énergie. Au mot d'Amérique, mon sang s'enflamme, mes cheveux se dressent, le sentiment de la douleur, de la pitié pour ses infortunés habitants, de l'horreur pour les brigands qui l'ont dévastée me maîtrise impérieusement... Cette superbe scène m'afflige; les belles pensées de Guzman me révoltent dans sa bouche, moins cependant que l'atroce contentement de Zamore... Ah ! nous avons assez fait de mal à l'Amérique, n'allons pas encore outrager à ses anciennes mœurs.

Le fond de la pièce est une fable, je le sais certes. Si Zamore avait existé, je ne connaîtrais pas un homme plus méprisable : dans tous les cas, c'est un de ces caractères qu'il ne faut jamais représenter aux hommes, lorsque surtout les charmes de la poésie et de l'art dramatique ont jeté tout plein d'intérêt dans le détail. Mais si Zamore avait existé, je me souviendrais alors qu'il y avait des despotes au Pérou et que Zamore était inca. L'on sait assez combien les rois ont toujours été égoïstes : ils croient porter dans eux leur peuple, leur nation, leur devoir, les lois, comme Louis XI portait avec lui son conseil. Un roi croit tout fait pour lui : Peuples libres, ressouvenez-vous en toujours.

La musique naît avec l'homme et, comme la plupart des arts se perfectionnent avec la société, se corrompent avec elle, se régénèrent avec elle, la musique est à la fois un bienfait du sentiment comme un moyen pour le régler.

A tout âge, dans toutes les situations, même parmi les animaux, la musique console, réjouit, ébranle agréablement. Au sifflement du petit oiseau, le laboureur marie sa voix rustique, son âme s'épanche et, soit qu'il chante ses amours, ses désirs ou ses malheurs, son travail, et avec lui le fardeau de ses peines, se trouve allégé. N'allons donc pas proscrire la musique, cette tendre compagne de l'homme ému, cette inspiratrice du sentiment. Qu'elle augmente encore le nombre de ses jouissances et, qu'en savourant à petits traits tous les charmes de la mélodie, l'homme se convainque plus intimement des délices du sentiment, du bonheur de la vie champêtre, de l'innocence du premier âge... Que l'ambitieux qui s'agite en méditant des forfaits, soit ému! que le libertin sente et se pénètre de l'horreur de ses dérèglements! que le cœur du financier et du puissant s'attendrisse, que les perles du sentiment errent dans leurs yeux! que la fille égarée coure dans le sein maternel épancher son âme et lui restituer sa confiance! que les hommes, dans toutes leurs vicissitudes, se soutiennent vertueux! L'accent de la musique peut produire ce miracle. L'absence de la vertu n'est que celle du sentiment naturel; tout ce qui peut y restituer l'homme doit être précieux au moraliste.

Entendez la mélodie du rossignol ou les élans plaintifs d'une jeune beauté. Voyez le *Devin de village*, ce chef-d'œuvre de la musique ou plutôt du sentiment naturel. Ne craignez pas que votre âme soit amollie par les pleurs que vous aurez versés, oh non ! c'est l'accent de la vertu qui les a fait couler. Vous retournerez plus fort, plus sensible, après avoir joui de la tendresse de la simple villageoise.

O Rousseau, pourquoi faut-il que tu n'aies vécu que soixante ans ! Pour l'intérêt de la vertu, tu eusses dû être immortel; mais n'aurais-tu fait que *le Devin de village*, ce serait déjà beaucoup pour le bonheur de tes semblables et pour mériter une statue par le monde sensible.

Il est quelques intermèdes aussi privilégiés; il est un grand nombre de beaux mouvements que l'on ne saurait trop répéter, jouer, apprendre au peuple, mais combien en est-il qu'il faut proscrire; combien en est-il qui n'inspirent que la mollesse; combien en est-il qui ne tendent qu'à exciter l'appétit déréglé ? Ce sont les voix des sirènes qui captivent un moment, pour porter incontinent le coup de mort à la vertu et au bonheur. Que ces chefs-d'œuvre, que cette musique dépravatrice soient jetés au feu. Ils ont fait plus de mal aux nations que l'épicurien ou le matérialiste: car, si ceux-ci ont trouvé tant de prosélytes, c'est parce que le sentiment était altéré.

Lorsque la maladie se manifeste par l'estomac, le médecin épuise en vain son expérience; le centre de la restauration est attaqué; plus ou peu de secours à espérer de l'art: de même, les nations ont-elles le sentiment dépravé, toutes les absurdités y trouvent créance, tous les crimes y trouvent des défenseurs. Religion, législation, morale, droits, tout est un chaos.

Que toutes vos institutions ne tendent qu'à épurer de toute introduction étrangère ce sentiment de la conscience et il saura conduire les hommes à la vertu et à la félicité. Point de code de morale, point de Catéchisme de Probité: ce ne sont pas des mots qu'il faut apprendre aux peuples;

mais c'est le sentiment naturel qu'il faut empêcher de se corrompre.

Ah! surtout, que l'on ne profite pas de la faiblesse de son cerveau pour l'altérer dès sa naissance par les deux mobiles de la frayeur et du merveilleux. Vous étouffez la voix intérieure, vous brisez le sentiment, et les crimes inondent la terre comme l'océan inonderait la Hollande si une main malhabile ou criminelle en brisait les digues, fruit des siècles et de l'expérience.

Que le législateur, après avoir assuré à chacun, par sa loi civile, une portion quelconque de propriété, lui assure donc, par sa loi criminelle, l'indépendance de sa vie, le maintien de sa liberté; lui assure donc, par sa loi politique, l'intégrité de ses droits et de sa dignité. Que, dans sa sollicitude paternelle, il écarte tout ce qui tendrait à l'égarer. Que les impostures, les contes adroitement présentés n'environnent plus son berceau; que cette musique perfide soit surtout prohibée; que ceux qui enfreindraient ces deux lois protectrices et conservatrices soient punis comme des empoisonneurs publics.

Vous avez dit à l'homme de rentrer en lui-même; vous l'avez restitué à la Nature: sa voix toute-puissante saura le conduire à la félicité.

Tels sont, messieurs, les sentiments qu'il faut inculquer aux hommes pour leur bonheur.

TROISIÈME PARTIE

La raison est la perfection par le moyen de la logique. La logique est cette faculté qui nous porte à comparer.

Il est des vérités que le sentiment seul peut démontrer; nous les appellerons vérités de sentiments. Il est des vérités de pure logique, toutes les vérités mathématiques par exemple.

Dans les sciences morales, une vérité de sentiment, développée par une logique naturelle, donne la raison pour résultat ou une série de vérités qui perfectionnent la société, la législation, qui prescrivent des règles de conduite: c'est ainsi que sont nés les *Dialogues de Platon*, le *Contrat social*, le *Livre de l'Entendement*.

Dans les sciences morales, une vérité de logique, développée par une logique même saine, produit une série de résultats qui ordinairement ne sont que des sophismes et des erreurs. Cela explique comment, avec une bonne logique, le scolastique a créé la théologie, cloaque des préjugés et des erreurs de tous genres.

Il existe une logique universelle, commune à toutes les nations, à tous les siècles.

La Raison est une comme la Vérité, comme le sentiment naturel. Il ne faut pas la confondre avec le préjugé ou le sophisme. Chaque nation, chaque siècle, chaque passion a les siens; parce que chaque siècle, chaque nation s'éloigne ou s'approche plus du sentiment naturel, selon que celui-ci est plus ou moins perverti. Quant aux passions, la logique en est bien toujours la même, mais les objets de la comparaison qui en sont les éléments sont affaiblis: dès lors le résultat est fautif.

La raison est comme un contrat. Si la

violence s'en mêle, vous ne tenez rien. La passion violente veut ce qu'elle veut; la raison se sauve, le **préjugé** arrive; les erreurs, les manquances de toute espèce s'ensuivent.

Lorsqu'on dit qu'un homme a la judiciaire fausse, ce n'est pas qu'on entende qu'il ait la logique fausse; mais seulement qu'il est dans le cas de l'homme passionné, soit par le défaut de pénétration, d'observation ou de réflexion.

La perfection, faculté exclusive à l'homme, est l'origine des arts et sciences. Le peuple chasseur, par la perfection, crée l'art de la chasse. L'ichtyophage obtient des pêches plus abondantes; le rhizophage des racines plus succulentes avec moins de recherches. Le laboureur obtient avec moins de travail de plus riches moissons.

Par la perfection, les cabanes de l'homme deviennent plus saines, plus commodes; ses vêtements plus adaptés au climat, à sa position locale.

Par la perfection, les lois naissent, se modifient selon les besoins, les circonstances. Par la perfection, l'art vient défendre l'homme des éléments et de ses semblables. Par la perfection, il subjugue depuis le tigre du Caucase à l'aigle qui plane dans l'air, au muffoli qui vole sur les rochers, il dompte l'Océan... Le feu, l'eau, l'air ne peuvent résister ni à son audace, ni à son observation. Roi de la nature, il fait contribuer jusqu'au mouvement des étoiles à ses besoins, à ses fantaisies, à ses caprices; mais il est vaincu à son tour, il se prend dans ses propres filets, il devient esclave des besoins de ses semblables... Oui, mais alors il vit hébété, dégradé; oui, mais, alors, il n'a plus de l'homme que la figure. Il en perd le courage, la fierté, les caractères les plus marqués... Cent mille Perses fuient devant une poignée d'Athéniens; vingt mille succombent sous les coups de trois cents Spartiates et leur empire entier, que le soleil étonné a peine à parcourir, est bravé par dix mille, renversé, subjugué, conquis par quarante mille... Vingt-un Corses battent huit cents Allemands; sept désarment cent Génois... Quinze cents Suisses confondent près de Morgarten l'orgueil ridicule de vingt mille Autrichiens: le champ de Neuffels en voit fuir quinze mille devant quatre cents Glarois... Disons-le avec fierté: l'homme esclave est à peine l'ombre de l'homme libre.

La raison est nécessitée par le sentiment dont elle est la règle. Le sentiment est chaud, vif, précipité. Se marie-t-il à l'imagination déréglée? les malheurs viennent de tous côtés fondre sur l'homme; au contraire, se modifie-t-il, se nuance-t-il avec la raison? la douce félicité, le vrai bonheur gît constamment à son chevet.

Dans le calme des passions la raison se forme: la tempête arrive-t-elle? L'homme se ressouvient des résultats, des principes dont il s'est imbu, et il se modère, et il se guide. Il aurait succombé à jamais, il se serait égaré pour longtemps; la raison l'a soutenu, sinon entièrement, toutefois jusqu'à un certain point.

Tout est possible aux yeux du sentiment; de là, ces fantômes que l'imagination accroît à l'infini, que la raison seule peut faire évanouir. Ce qui a été est ce qui sera aux yeux de celle-ci. Ce qui est, est ce qu'elle conçoit possible.

L'homme ne doit se livrer à l'impulsion des sens qu'autant qu'il le faut pour sa conservation animale. Par le sentiment, il goûte les vrais plaisirs. La raison, non seulement lui en assure la durée, mais encore lui en procure d'assez vifs pour mériter une place distinguée dans le répertoire de ses goûts.

Toutes les jouissances d'observation sont celles de la raison. Par celles-ci, l'homme perfectionne. Un acte de perfection est un acte de puissance; dès lors, le sentiment de son excellence le frappe agréablement, il en jouit. Le laboureur, l'ichtyophage, le rhizophage, le chasseur, le mathématicien, le moraliste, le publiciste éprouvent des jouissances de cette nature, dans des modulations différentes cependant.

C'est par la raison que l'on prévoit et conseille; c'est par la raison que la vieillesse guide les autres dans les sentiers de la vie; c'est par elle que la vieillesse jouit du sentiment de son utilité. C'est par la raison que l'homme vertueux se persuade de l'excellence de son état. La raison nous trace nos devoirs; la raison modifie même le sentiment de nos droits; la raison prévoit l'avenir en profitant du passé.

Si le sentiment fit naître la société, la raison la maintient encore. Quand Brutus étouffa le sentiment paternel ; quand Codrus, Décius, Winkelried se sacrifièrent; quand Socrate avala la ciguë, la raison avait en eux développé le sentiment naturel, elle avait agrandi leur âme. Aimer son pays est un sentiment des plus simples; l'aimer par-dessus toutes choses est l'amour du beau dans toute son énergie, c'est le plaisir de concourir à la félicité d'une nation entière. Lorsque Régulus retourne et périt à Carthage, avez-vous consulté les mouvements qui vous agitent? Rien n'est faible: l'admiration, la pitié, la haine vous bercent impérieusement. Tout gémit autour de lui; le monde étonné l'admire, lui seul est immuable; voilà la perfection de la raison. Le sentiment seul nous porte à la vertu; le sentiment exalté par la raison nous porte à l'héroïsme. Cette force indomptable, ce calme inaltérable qui anima Caton lorsqu'il joua après avoir été refusé de la préture, lorsqu'il lut aux portes de la mort, est la perfection de la sagesse.

Si le stoïcien dédaigne la mort, s'il apprécie la douleur, la surmonte, s'il la méprise même, c'est la force de la raison. S'il étouffe dans son cœur tous sentiments pour y donner cours seulement à ceux de la force et de la vertu, s'il ne donne rien aux sens, à l'imagination, au hasard; si tout est en lui le fruit de la philosophie et de son devoir, sa vie est le règne de la raison; c'est l'aigle qui plane dans l'empyrée, c'est le sommet sourcilleux du Caucase qui se perd dans les nues. Ce spectacle m'enlève, m'inspire le respect, l'étonnement; mais je ne me sens pas le courage d'y arriver. Le dois-je même? Cette perfection est un travail continu, n'est pas l'état naturel, n'est... mais je m'arrête, la plume me tombe des mains, la vénération m'impose silence. Caton était stoïcien, Brutus était stoïcien, Thraséas était stoïcien. Ombres des plus grands des humains, à qui tout ami de la vertu ne peut penser qu'avec un religieux enthousiasme, votre vie fut la perfection du sage et du patriote. Dans un temps où les hommes corrompus étaient livrés au vice, la République ébranlée aux factieux et aux tyrans, votre morale seule vous soutint et vous bravâtes le vice, les tyrans et les hommes.

Les peuples corrompus ont le sentiment naturel perverti par le besoin et le mal de cœur ou par les écarts de l'imagination effrénée. La superstition est souvent leur maladie. L'enthousiasme est une commotion violente dans certaines gens. L'enthousiasme est le délire de la raison, comme la superstition est la dépravation du sentiment.

Il faut commencer par établir le sentiment naturel; car s'il est perverti, la raison devient un fanal trompeur: mais que dis-je, la raison? elle n'est plus, elle se transforme. Le préjugé, le sophisme la remplacent et l'homme s'égare sans retour.

Avec le sentiment naturel et une logique saine, la raison pure et chaste sort de la cervelle de l'homme comme jadis Minerve de celle du Père des Dieux: le sentiment naturel supposé dans toute sa force, il ne s'agit plus que d'aider à développer la logique, il ne s'agit plus que de la fortifier, de manière qu'elle ne puisse pas lui faire illusion et l'égarer dans ses combinaisons. Pour préliminaire indispensable, vous anéantirez tous le fatras de l'argument pour ne laisser subsister que la marche de l'analyse.

Pour accélérer et fortifier la logique, agissez comme pour apprendre à marcher à l'enfant; faites-lui voir une science où tout se résout par la logique, où tout soit elle: les sciences mathématiques... il n'est point d'autre cours de logique.

Le peuple doit-il donc apprendre les mathématiques? Cela serait-il donc si absurde? Ne lui faites-vous pas apprendre un catéchisme? Eh bien, si, à la place, l'on substituait un petit cours de géométrie, cela serait-il donc impraticable ou moins utile? Que j'aimerais à voir des jeunes gens aux-quels l'on enseignerait quelques proposi-tions d'Euclide? Leur logique s'assurerait et la raison avec elle — mais je ne vous ai pas dit cela, je n'ai pas prétendu que l'on transformât en écoles les cabanes du ber-ger ou du laboureur; je ne crois pas la science indispensable à l'homme et, certes, je ne pense pas que, sans Euclide, l'on ne puisse être heureux.

Le laboureur doit apprendre son art à son fils. L'art du labour consiste en beaucoup de faits et en quelques raisonnements; voilà une science mathématique. Tous les arts utiles vous en offrent autant et tous les artisans apprennent une science mathématique dans leur apprentissage.

Quant à la classe qui se destine spécialement à gouverner ou à guider les autres dans le sentier de la vérité, elle doit cultiver plus spécialement sa logique. Un bon cours de géométrie et d'algèbre remplira parfaitement son but. L'histoire, cette base des sciences morales, ce flambeau de la vérité, cette destructive des préjugés, ne devra pas non plus être oubliée. Avec ces deux sciences, toutes les vérités politiques se découvriront à ses yeux: il sera à même de concourir puissamment à la prospérité de la chose publique.

Le travail des champs ou de l'atelier

calme l'imagination fougueuse. L'heureux habitant des champs ne connaît pas cette inquiétude qui dévore l'oisif. Si peu que sa raison soit formée, elle suffit pour le guider, pour tempérer l'impulsion de son sentiment ou contenir l'écart de son imagination. Celui au contraire qui divague dans l'oisiveté, doit avoir une raison plus formée, plus puissante. Le torrent est plus fort: les digues doivent l'être. L'observation lui est plus nécessaire; il a besoin de toute l'énergie de la raison. Sent-il le feu du génie circuler dans ses veines? l'infortuné, je le plains; il sera l'admiration et l'envie de ses semblables et le plus misérable de tous. L'équilibre est rompu : il vivra malheureux... Ah! le feu du génie!... mais, ne nous alarmons pas; il est si rare ! Que d'années qui s'écoulent sans que la nature en produise ! Les hommes de génie sont des météores destinés à brûler pour éclairer leur siècle.

Puisque l'homme ne goûte de bonheur

que dans une vie conforme à son organisation, puisque, par son organisation intellectuelle, la raison est la règle de ses actions, puisque la contrainte le déprave, l'anéantit, l'on ne doit donc jamais forcer personne à adopter des idées qui ne seraient pas senties.

Liberté de penser entière et absolue; liberté de parler et d'écrire en ce qui ne blesse pas l'ordre social, est donc le fondement de la moralité, de la liberté et du bonheur individuel. Le droit naturel ne doit donc être borné que par une loi précise et cette loi ne peut prohiber que les actions directement contraires à la société. S'il en était autrement, l'ordre social serait une calamité, un intolérable esclavage.

La raison cède la partie de ses droits qu'elle ne pourrait conserver qu'avec son indépendance; mais elle la cède à la raison générale; la loi doit donc en être l'expression et ne peut concerner que les objets généraux. C'est un acquiescement de la raison individuelle à la raison générale sur des objets qui intéressent tous les citoyens.

Sans liberté, il n'est ni énergie, ni vertu, ni force dans les nations. Sans énergie, sans vertu, sans force, il n'est ni sentiment ni raison naturelle: il n'est point de bonheur. L'esclave qui tremble à la vue de son oppresseur, qui ne connaît de propriété, de loi, de justice, que la fantaisie, le caprice, l'intérêt du puissant, n'a de sentiment que celui de ses maux, n'a de raison que celle de ses tyrans: il devient lâche, bas, superbe, petit. Toi à qui tout rend hommage, dont l'industrie a su tout s'approprier, tout soumettre, comment as-tu pu souffrir d'appartenir à quelqu'un, de devenir la propriété de quelqu'un? Comment as-tu pu souffrir que l'on te vendît, que l'on t'achetât? Comment peux-tu souffrir que l'on te vende, que l'on t'achète encore? Les rois te trafiquèrent, te trafiquent encore au gré de leurs passions, de leurs basses intrigues; les seigneurs, au gré de leur insatiable avidité.

Comment as-tu pu, comment peux-tu encore te laisser ravaler au niveau du bœuf et du cheval?... au niveau? Tu as moins de force et de vitesse, tu es plus délicat et plus difficile. Esclave, tu n'as plus ni raison, ni sentiment... As-tu un maître? Il t'estime moins que les animaux de son écurie... Homme, tu as été esclave et tu as pu te résoudre à vivre?... Eh! la mort n'est-elle pas un état de l'âme, l'esclavage n'en est-il pas la dissolution? Réveille-toi: il est temps ou jamais. Le coq a chanté, le signal est donné; de tes chaînes forge le fer vengeur. Il te restituera à toi-même, au bonheur, à la Patrie... Le peux-tu faire sans crime?... Plaisante perplexité! Il n'est ni devoir, ni loi où il n'est point de liberté. Où il n'est point de liberté, les hommes peuvent s'égorger respectivement, peuvent égorger leurs tyrans, leurs prétendus magistrats. L'homme enchaîné rentre dans l'anarchie de l'égoïsme, de l'intérêt personnel. Où l'association n'a pas le bonheur de tous pour principe, elle est nulle, et tout homme devient magistrat. Où la loi n'est pas la raison générale, la raison individuelle rentre dans son indépendance pour jouir de tous ses droits. Ne crains pas les clabauderies de la superstition, sois sûr que l'homme libre est seul digne du Créateur... Tous les tyrans seront aux enfers sans doute, mais leurs esclaves y seront aussi; car, après le crime d'opprimer une nation, celui de le souffrir est le plus énorme.

Que ces principes soient sans cesse répétés à l'homme. Résister à l'oppression est son plus beau droit, celui que les tyrans redoutent le plus: aussi en ont-ils été alarmés dans tous les temps. Ils seraient parvenus à l'effacer entièrement s'il n'était aussi inhérent à sa nature, si le Créateur ne l'avait, par le sentiment, gravé en caractères éternels: et, après des siècles, le Français, abruti par les rois et leurs ministres, les nobles et leurs préjugés, les prêtres et leurs impostures, s'est tout à coup réveillé et a tracé les droits de l'homme. Qu'ils servent de règle au législateur. Alors, l'on verra moins de méchants, parce qu'il y aura des heureux. L'influence des bonnes lois sur la morale, sur les passions individuelles, est incalculable et la morale, les modifications des passions déterminent le bonheur.

S'il est une constitution, une liberté politique, il est aussi une constitution et une liberté animale; il est aussi une constitution et une liberté morale.

Par la constitution animale, les mains touchent, les yeux voient, les pieds marchent, la bouche parle.

Par la constitution morale, le sentiment jouit de tout le développement dont il est susceptible. L'homme s'identifie à la femme, se retrace dans ses enfants, s'épanche à l'amitié, jouit de la nature, vit de la vie de son pays, du bonheur des siens. Par la constitution morale, la raison modifie la chaleur du sentiment, lui en assure la durée, l'éclaire, contient l'imagination, spécifie à l'homme sa conduite externe. Par la constitution morale, il perfectionne; il jouit de la perfection. Il conseille, il prévoit, il jouit de son utilité, de sa prévoyance. Voilà les lois de la constitution ou organisation humaine. En jouit-on, l'on vit heureux.

Qu'est-ce que la liberté politique? C'est n'obéir qu'à la loi de la constitution.

Qu'est-ce que la liberté animale? C'est n'obéir qu'à la loi de la constitution animale.

Qu'est-ce que la liberté morale? C'est n'obéir qu'à la loi de la constitution morale.

Tout ce qui nous ébranle fortement, détraque les nerfs, l'estomac, épuise le sang... La chasteté et le libertinage, le jeûne et la débauche, le repos absolu et la fatigue excessive, les travaux du cabinet et ceux du guerrier sont également innaturels, sont également destructifs de notre constitution, dès lors de la liberté animale.

La passion violente anéantit le sentiment à la fois doux et sublime de l'existence, de l'amitié, de la reconnaissance, du tendre respect. La nature n'a plus d'attraits: l'écume épaisse de l'effervescence la voile à ses yeux. La passion violente veut ce qu'elle veut. Elle ne souffre point de contraste. La raison disparaît, le préjugé arrive et l'homme y est livré sans défense. Elle n'est pas contente encore; elle appelle à son secours l'imagination déréglée qui, fière et joyeuse de l'humiliation de son ennemie, la raison, vient s'emparer de sa victime pour la tourmenter par tous genres de maux.

Le bonheur est donc incompatible avec une passion violente, puisque celle-ci est destructive de l'économie animale, du sentiment et de la raison naturelle.

Voyez ce jeune adolescent livré à l'amour: il s'agite, il gémit, il pleure. Un feu dévorant circule dans ses veines, rien ne peut le tranquilliser. Que veut-il? Qu'a-t-il? Que désire-t-il? Tantôt, il frémit, il hurle comme le lion d'Afrique ; tantôt, il chante avec la mélodie du cygne ou la tendresse de la colombe... Il se crée des monstres pour les combattre et en être tourmenté. Le monde est réduit pour lui à un seul appartement, l'opinion à une seule bouche, le bonheur à une seule fantaisie. La morale, la vertu, la société, la nature, la patrie, un père et une mère jusqu'ici chéris, tout lui devient étranger, tout lui devient insupportable; car il n'est ni morale, ni vertu, ni société, ni parents sans des devoirs à remplir, et, des devoirs, il ne pratique, il ne respecte que ceux de sa passion; il a des plaisirs et des peines sans doute; mais se compensent-ils? Ce n'est pas là notre question. Jouit-il du sentiment naturel?... Non... Jouit-il de la raison? Il ne connaît que les préjugés de la passion: cela étant, aurait-il accumulé tous les plaisirs imaginables, il ne serait pas heureux, ne vivant pas conformément à son organisation, ne jouissant pas de la liberté ni animale, ni morale.

L'adolescence est-elle passée? Ce même jeune homme a-t-il atteint l'âge viril et l'ambition se l'est-elle impatronisé... l'ambition au teint pâle, aux yeux égarés, à la démarche précipitée, aux mouvements irréguliers, au rire sardonique? Les crimes ne lui sont plus que des jeux; la cabale ne lui est plus qu'un moyen; le mensonge, la calomnie, la médisance, un argument, une figure d'élocution. Arrive-t-il enfin au timon des affaires? L'hommage des peuples le fatigue. Mais il peut faire le bien. Est-il rien de plus consolant pour la raison que de pouvoir dire: je viens d'assurer le bonheur de cent familles; je me suis agité; mais l'Etat en ira mieux. Mes concitoyens vivent tranquilles par mon inquiétude, sont heureux par mes perplexités, gais par mes chagrins... Oui, mais vous ne faites pas attention que c'est ainsi que raisonnaient Fabricius, Cincinnatus et Catinat —, et Fabricius, Cincinnatus et Catinat n'étaient pas ambitieux. Celui qui ne désire de parvenir qu'impulsé par le pur sentiment de contribuer à la félicité publique est l'homme vertueux qui se sent du courage, de la fermeté, des talents. Il maîtrisera l'ambition au lieu d'en être maîtrisé et, dès lors, il pourra jouir du sentiment et de la raison: il jouit toujours de la liberté morale.

Mais l'ambition, ce désir immodéré de contenter l'orgueil ou l'intempérance, qui n'est jamais satisfait, qui mène Alexandre de Thèbes en Perse, du Granique à Issus, d'Issus à Arbelle, de là dans l'Inde; l'ambition qui lui fait conquérir et ravager le monde pour ne pas la satisfaire; le même feu l'embrase; dans son délire, il ne sait plus quel cours lui donner; il s'agite, il s'égare... Alexandre... se croit un Dieu; il se croit fils de Jupiter, il veut le faire croire aux autres. L'ambition qui conduit le négociant à la fortune, de là au Contrôle général sans le contenter par la première place des finances; l'ambition qui mena Cromwell, comme il menait l'Angleterre, mais pour le tourmenter par tous les poignards des furies; l'ambition qui renverse les Etats, les fortunes particulières, qui se nourrit de sang et de crimes; l'ambition qui inspira Charles-Quint, Philippe II, Louis XIV, est, comme toutes les passions désordonnées, un délire violent et irréfléchi qui ne cesse qu'avec la vie: comme un incendie, favorisé par la bise impitoyable, ne finit qu'après avoir tout consumé. Richelieu, né dans la médiocrité, arrive, après des fatigues et des tourments infinis, à être roi sous le nom de ministre. Il va jouir sans doute de son élévation, il vivra tranquille. Que lui reste-t-il à désirer?... Mais il n'est pas cardinal! Il obtient le chapeau; mais il est dans le royaume un Corneille! Il devient poète et ses flatteurs, comme l'on s'en doute, le placent au premier rang. Pour le coup, que peut-il convoiter?... La même folie qui altéra la cervelle d'Alexandre, produite par la même cause, s'empare de Richelieu. Il veut être un autre Bacchus, il veut être cru saint: il meurt dans cette espérance et son dernier soupir est un acte d'imposture, mais qu'il se flatte devoir le conduire à son but.

L'envie des richesses, l'avarice sordide sont-elles plus raisonnables? Produisent-elles des plaisirs plus réels? Voyez ce négociant millionnaire: la mer est couverte par ses vaisseaux: eh bien! il se donne encore plus de mouvement. Il expose sa vie aux ouragans, aux saisons, aux tempêtes. Vous le prendriez pour un nécessiteux... Voyez l'avare sordide: il entasse or sur or; il projette peut-être quelque grande entreprise; il a envie d'une place honorifique; ou un établissement utile immortalisera son nom en le faisant appeler le père des pauvres? Eh non ? il ne projette que d'accroître encore son trésor.

L'amour ne sait ce qu'il veut et brûle tant qu'il dure. L'ambition n'est jamais contente, même au faîte des grandeurs. Pour l'avare, encaissez les mines du Potosi dans ses coffres, vous n'aurez pas le plaisir de le satisfaire.

Toutes les passions violentes sont incontentables: c'est l'imagination qui embrase le sang; celui-ci irrite les fibres, produit l'inquiétude... Observez les grandes passions, vous y verrez les mêmes symptômes.

Animal que la nature a distingué par la raison de toutes ses autres productions, tu es le plus versatile, le plus inconséquent, le plus victime. Veux-tu vivre selon le but de ta création; eh bien! ne t'abandonne jamais au torrent des passions violentes: tu le peux, tu es ton maître, mais, si tu n'y prends garde, tu finis par être maîtrisé. La passion est comme le Danube: l'enfant de Donaueschingen le détourne dans ses jeux; mais quelques lieues plus bas, il inonde les provinces, renverse les villes... D'aussi loin que le pilote aperçoit le tornado épouvantable de Guinée ou le gouffre d'Euripe, il se détourne, il est maître de manœuvrer à sa fantaisie; mais se confie-t-il en son habileté? se néglige-t-il un moment? il perd par son imprudence son bâtiment et la vie. Hommes! voilà votre histoire: maîtrisez vos passions dès leur origine, ou vous en serez maîtrisés: à cela point de milieu.

Les tempêtes de l'Océan sont à préférer à sa stagnation qui en rendrait les vapeurs mortelles. Les passions préférables à la stupidité absolue, au libertinage avilissant. Encore mieux vaut-il être enthousiaste, passionné qu'insensible. Sans doute on doit préférer le délire du sentiment à son assoupissement, à sa mort.

Savez-vous d'où viennent les passions désordonnées? De la privation des jouissances naturelles. Privé des jouissances naturelles, le feu du sentiment n'a point de cours: il fermente, il produit la passion, et l'imagination, vraie boîte de Pandore, réceptacle de tous les vices, vient dérégler tous ses appétits; de même que, par le défaut d'exercice, les humeurs se réunissent, le sang s'embrase par son appauvrissement; la fièvre et les convulsions du délire en sont la suite inévitable.

Voyez l'inquiétude du riche: des palais, des campagnes, la cohue qui l'entoure, ne peuvent l'arracher au malaise, à l'insouciance, à l'insatisfaction; il devient ambitieux pour se dire bientôt: j'ai cherché le bonheur et n'ai trouvé que la gloire. Il change de route. Il espère cette fois le trouver, ce bonheur, dans le sein de l'amour. L'infortuné cherche le sentiment et n'en trouve jamais que le délire. Après quelques épreuves aussi infructueuses, il ne croit plus au bonheur et meurt avec cette cruelle idée dans le cœur.

Aujourd'hui les trois quarts des hommes arrivent, par les mêmes épreuves, aux mêmes résultats. Aveugles, vivez conformément à votre nature; sentez et raisonnez selon le sentiment et la raison naturelle et vous serez heureux.

* *
*

Nous avons vu l'homme de la nature naître au milieu des champs; nous avons été témoins des perplexités de son jeune cœur sur les injustices de la propriété. Nous avons vu son père, ce respectable vieillard, calmer ses inquiétudes, en lui dévoilant l'état de sa fortune et l'inutilité, même le danger des richesses. Travaillant dans son champ, logé dans sa cabane, nourri par ses moissons, il ne tarda pas à avoir un fils. Son existence fut triplée, son travail en devint plus doux. Que de sentiments partagent le cœur de cet homme heureux! Son père, sa femme, son enfant, la nature entière sont les objets de son affection et de son sentiment. Sans peines, le bonheur serait moins utile. Son père meurt... Une compagne douce et fidèle, des enfants innocents lui font sentir qu'il n'a pas tout perdu. Il modère ses transports: il élève à son père un monument aussi simple que lui; et, lorsque son âme est accessible à la douleur ou à l'appétit déréglé, il court près de ces cendres vénérables, reprendre le goût du devoir et de la simplicité. Ainsi s'écoulent les jours, dans le sein de ses travaux domestiques, de ses amis: les jours sont trop courts pour lui comme les saisons trop rapides. Les glaces de la vieillesse insensiblement s'approchent: il vit de la vie passée, il vit dans ses enfants. Mais si, pour prix de sa vie réglée, il peut voir ses petits-fils, il bénit ce jour et n'attend plus que le moment de mourir.

C'est environné des objets de son affection qu'il rend le dernier soupir! « Mes enfants, leur dit-il, j'ai adoré Dieu, car j'ai vécu heureux et ai préparé votre bonheur. Faire son bonheur, concourir à celui des hommes est le seul culte digne de l'Eternel... Vivez donc heureux pour votre intérêt et pour plaire au Créateur de ce vaste univers. Ne vous laissez jamais séduire par la cupidité, ni par la passion violente, pour être à même de sentir et de raisonner... Mes enfants, le corps est mortel; il dépérit insensiblement; et le moment de la mort est son entière dissolution. L'âme au contraire acquiert toujours et les années ne font que la perfectionner, ne font que d'en accroître l'empire... L'âme est immortelle: cette idée me console, me rend la mort douce, désirable même... oui, désirable... Ah! mes amis, il arrive un temps où la vie n'est plus qu'un fardeau; c'est le temps où tout annonce qu'il faut mourir... Mes sens ne me retraçaient plus que cette image et ne m'affectaient plus que par la douleur... J'ai vu périr les hommes mes contemporains... L'amour, l'amitié, les liaisons de l'enfance, tout est mort depuis longtemps. Les choses seules me retraçaient ces doux tressaillements... et encore! les choses n'ont-elles pas changé! Notre cabane même, n'a-t-elle pas, par sa chute, annoncé le moment du départ? Ne me plaignez donc pas, mes enfants, ne vous affligez pas: la mort est un état de l'âme, c'est un changement de maison: y a-t-il là de quoi tant s'attrister! Mon père m'appelle du sein de l'autre vie: un jour, je vous appellerai à mon tour; vous appellerez vous-mêmes vos fils. Ainsi s'écoulent les siècles... Mais quel que soit le lieu où mon âme s'élance, je serai au milieu de vous, n'en doutez pas; je le sens à ma tendresse... Je lirai dans vos cœurs. Que les sentiments qui y régneront soient toujours dignes de vous... Ah! mes amis, si la discorde venait à vous désunir, souvenez-vous de votre père... je vous porte tous dans mon âme, votre inimitié la déchirerait... Je ne puis être avec vous que par votre union... Placez mes cendres à côté de celles de mon père; et, lorsque vous aurez des différends, venez les décider sur notre tombe; souvenez-vous alors de ces dernières paroles, souvenez-vous que, depuis votre naissance, je ne vécus plus que pour vous et ne fus plus flatté que de ce qui pouvait concourir à votre bonheur... Ah! si vous connaissiez toute la sollicitude de ces sentiments! Mais vous serez pères à votre tour!... Mes enfants, continuez à vivre comme nous avons vécu ensemble. Que mon tombeau ne soit pas un lieu de tristesse; au contraire, mes amis, que la gaîté, que les doux plaisirs, que les innocents jeux soient célébrés autour de lui. Celui qui ne respira que pour votre félicité ne peut être que sensible au spectacle de vos plaisirs... Adieu, mes enfants, je sens que le moment arrive... Si jamais vous abandonniez ce séjour, ayez soin de transporter avec vous mes cendres et celles de mon père... Adieu, recevez ma bénédiction, qu'elle soit le palladium de votre union et de votre bonheur. »

Il détourne la tête, ouvre les yeux, et son âme s'envole.

Je n'ai consulté que l'utilité du voyage lorsque j'ai essayé de me frayer une route au travers d'une mer célèbre par ses naufrages. N'ai-je pas été plus heureux, n'ai-je pas atteint au but? Je n'en suis pas étonné;

je n'ai vu dans mon chemin que des per-
sonnes qui s'étaient égarées. Les ai-je imi-
tées? Je suis sûr du moins que quelqu'un
y aura réussi et je me trouve consolé
d'accroître, par ma lutte, le triomphe du
vainqueur; certain que la médiocrité n'en-
lèvera pas une palme que votre réputation
fera disputer avec chaleur.

NAPOLÉON
ET SON TEMPS

Ouvrages publiés sous la direction d'ÉDOUARD DRIAULT

Grand Prix d'Histoire de l'Académie Française

I. PAGES NAPOLÉONIENNES

LE DISCOURS DE LYON, par le Lieutenant Napoléon BONAPARTE — Introduction d'Édouard DRIAULT.

> Un volume in-16 jésus de 104 pages de texte, imprimées en trois couleurs, broché, sous couverture illustrée.
> Édition sur hollande... ... ... **30 fr.**
> Édition sur vélin.. ... ... **12 fr.**

LE SOUPER DE BEAUCAIRE, par le Capitaine Napoléon BONAPARTE. — Introduction d'Édouard DRIAULT.

> Un volume in-16 jésus de 48 pages de texte, imprimées en trois couleurs, broché, sous couverture illustrée.
> Édition sur hollande .. .. **20 fr.**
> Édition sur vélin.. ... ... **8 fr.**

MANUSCRIT VENU DE SAINTE-HÉLÈNE D'UNE MANIÈRE INCONNUE. — Introduction d'Édouard DRIAULT.

> Un volume in-16 jésus de 112 pages de texte, imprimées en deux couleurs, broché, sous couverture illustrée.
> Édition sur hollande... ... ... **40 fr.**
> Édition sur vélin.. ... ... **15 fr.**

II. L'ÉPOPÉE IMPÉRIALE

LA VRAIE FIGURE DE NAPOLÉON, par Édouard DRIAULT.

> Un volume in-16 jésus de 340 pages de texte, imprimées sur alfa, illustré de 31 planches hors texte en héliogravure et 18 cartes ou plans.
> Cartonné, sous couverture illustrée... ... ... **25 fr.**
> Relié façon daim amarante, fers Empire... ... ... **40 fr.**

LA VIE FULGURANTE DE NAPOLÉON, par Édouard DRIAULT.

Un volume in-16 jésus de 64 pages de texte, illustré de 8 planches hors texte.
Broché, sous couverture illustrée ... ... **10 fr.**

IMAGIER DE NAPOLÉON. — Vingt-cinq images d'André COLLOT, commentées par Édouard DRIAULT. La plus concise et la plus prenante des histoires de Napoléon pour la jeunesse.

Un bel album in-4° de 25 planches en six couleurs et 48 pages de texte décorées de lettrines et culs-de-lampe originaux.
Cartonné, sous couverture en six couleurs. ... ... **40 fr.**

III. OUVRAGES CONCERNANT L'ÉPOQUE NAPOLÉONIENNE

LE ROI DE ROME (1811-1815), par Édouard DRIAULT.

Un volume in-4° de 180 pages de texte, illustré de 12 planches hors texte en héliotypie.
Broché, sous couverture en couleurs.. ... ... **50 fr.**

L'HOTEL BEAUHARNAIS, à Paris (Style Empire). Notice d'Édouard DRIAULT.

Un album de 30 planches grand in-folio (33 × 46) en héliotypie et 18 pages de texte. En portefeuille . ... **300 fr.**

BOUTIQUES PARISIENNES DU PREMIER EMPIRE, par Hector LEFUEL.

Un album (23 × 29) de 32 planches en héliotypie, en couleurs, et 20 pages de texte. En portefeuille . ... **180 fr.**

LE BISCUIT DE SÈVRES (*Époques du Directoire, du Consulat et de l'Empire*), par LECHEVALLIER-CHEVIGNARD, administrateur de la Manufacture, et Maurice SAVREUX, conservateur du Musée Céramique.

Un album (18 × 24) de 40 planches en héliotypie, dont 12 en couleurs, et 16 pages de texte. En portefeuille ... ... **76 fr.**

ÉDITIONS ALBERT MORANCÉ
A PARIS, 30 & 32, RUE DE FLEURUS

L'Union Typographique, Villeneuve-St-Georges.